ONDJAKI MATERIAIS PARA CONFECÇÃO DE UM ESPANADOR DE TRISTEZAS

RIO DE JANEIRO, 2021

Copyright © 2021
Ondjaki

Primeira edição: 2009, Editorial Caminho, Lisboa.

Editoras
Cristina Fernandes Warth
Mariana Warth

Projeto gráfico de capa
António Jorge Gonçalves

Coordenação de produção e diagramação
Daniel Viana

Revisão
BR75 | Clarisse Cintra

Esta edição mantém a grafia do texto original, adaptado ao
novo Acordo Ortográfico da Língua Portuguesa, com preferência à grafia angolana nas
situações em que se admite dupla grafia e preservando-se o texto original nos casos omissos.

Todos os direitos reservados à Pallas Editora e Distribuidora Ltda.
É vetada a reprodução por qualquer meio mecânico, eletrônico, xerográfico etc.,
sem a permissão por escrito da editora, de parte ou totalidade do material escrito.

CIP-BRASIL. CATALOGAÇÃO NA PUBLICAÇÃO
SINDICATO NACIONAL DOS EDITORES DE LIVROS, RJ

O67m

Ondjaki, 1977-
    Materiais para confecção de um espanador de tristezas / Ondjaki. - 1. ed. - Rio de Janeiro : Pallas, 2021
    80 p. ; 18 cm.

    ISBN 978-65-5602-035-8

    I. Poesia angolana. I. Título.

21-70643
CDD: 869.8996731
CDU: 82-1(673)

Camila Donis Hartmann - Bibliotecária - CRB-7/6472

REPÚBLICA PORTUGUESA

CULTURA
DIREÇÃO-GERAL DO LIVRO, DOS ARQUIVOS E DAS BIBLIOTECAS

Edição apoiada pela Direção-Geral do Livro, dos Arquivos e das Bibliotecas / Portugal

Pallas Editora e Distribuidora Ltda.
Rua Frederico de Albuquerque, 56 – Higienópolis
cep 21050-840 – Rio de Janeiro – RJ
Tel./fax: 21 2270-0186
www.pallaseditora.com.br
pallas@pallaseditora.com.br

tinha aprendido que era muito importante criar
desobjectos.
certa tarde, envolto em tristezas, quis recusar
o cinzento. não munido de nenhum artefacto
alegre, inventei um espanador de tristezas.
era de difícil manejo – mas funcionava.

                                            ondjaki
                                        julho/2002

SUMÁRIO

A NOITE SERES 7
o início 8
a garça e as tardes 9
carochinha e o sol domesticado 10
corpo 11
fio de tarde 12
certo personagem 13
apalpar manhãs 14
um lugar 15
na casa do macedo 16
manipular a grande ardósia 17
adeus 18
sem trémulos barulhares, a chuva 19
em carta para isabel 21
uma borboleta em sondela 22
fogo [ondalu] 23
pescador de águas limpas 24
lembranças da casa da tia anita 25
só 26
intimidar o poema a ser raiz 27
olhar o cosmos 28
de adélias e prados 29

a borboleta no úcua   31
à noite ser [materiais para...]   32
confissões   33
noite caluanda   34
escrevo a palavra luanda   35
na catin-ton   36
sita   37
pétalas   39
gazela   40
meu haisikoti   41
meu haisikoti II   42
a mulher   43
infâncias   44
na foz do rio kwanza   45
penúltima vivência II   46
pequeno espanador de tristezas
   [a derradeira confissão?]   48

IMITAÇÃO DE MADRUGADA   53
grande ardósia   54
contributo para a indefinição
   do conceito de etestrela   55

usar um lusco-fusco pra pressentir um gambozino   56

confecção de um poema esfarrapado   57

da paciência do pungo   58

fábula de como a grande
   ardósia se prostituiu à poesia   59

usar os olhos de catarina   60

para encontrar pacaças nos
   poemas de arlindo barbeitos   61

bagagem   62

o vivenciado   63

artes bélicas de um gambozino   64

o obsceno, a obscena   65

objecto ramela   66

a cidade sonha   67

essa palavra margem   68

as mãos   70

construção   71

TRÊS POEMAS VERTICAIS   73

as avós; elas & as vozes   74

a escrita, uma vez mais   75

perto ao longe   76

MODOS DE APALPAR A POLPA DA LÍNGUA
   (paulinho assunção)   77

A NOITE SERES

O INÍCIO [1/7/02]

segui a lesma. a baba dela parecia um rio de infância perdido no tempo. escorreguei no tempo.
nesse rio havia um jacaré. a fileira enorme de dentes lembrou-me uma pequena aldeia cheia de cubatas [talvez a aldeia de ynari];
adormeci na aldeia.
ouvi um barulho – era a lesma a sorrir.
o sorriso fêz-me lembrar um velho muito velho que escrevia poemas. os poemas eram restos de lixo que ele coleccionava no quarto ou no coração das mãos. abracei o velho. quase que eu esborrachava a lesma.

A GARÇA E AS TARDES [3/7/02]

encontrei uma garça gaga.
atropelava-se a si própria enquanto voava
com isso considerava-se aleijada.
pedi-lhe emprestada a gaguez.

hoje a garça é feliz.

eu ganhei o hábito
de gaguejar tardes.

CAROCHINHA E O SOL DOMESTICADO [4/7/02]

uma carocha estava de barriga pra cima a usar uma cara aflita; lhe devolvi o norte e o céu escureceu. ela voou de retorno a casa mas o sol entristeceu. pedi ao sol que ficasse de barriga pra baixo na direcção da carochinha.
o sol acedeu.
as nuvens agora azulam o céu sem timidez e a carocha, muito de vez em quando, tropeça propositadamente em raios solares.

CORPO [22/7/02]

em cima do que foi olhado
pela poesia

estendo o meu luando

empresto o meu corpo ao chão
e adormeço.

FIO DE TARDE [17/7/02]
[para o raduan]

rasgava a pele – quase um arrepio.
julguei estar a lembrar, na pele, beijinhos de alforreca. arrepiava o dorso e me desertificava todo para a passagem de camelos, formigas ou piolhos. até viajei no antigamente, na infância: banho para mim era um grande perigo. quase representava travessia de ego. a minha mãe era guia e carrasca – sorrisos dela.
rasgava a pele – quase um prazer.
espreitei a sensação
com os olhos cegos
e vi:
não era de rede, não era de teia,
era um fio de tarde empanturrado de brandura.

CERTO PERSONAGEM [20/7/02]
[para borges]

certo personagem de borges decidiu desalojar os passarinhos que haviam feito ninho no peito dele. os passarinhos quiseram fazer novo ninho na cabeça mágica de borges, mas foram sacudidos para longe.
para se vingar de tanta sujidade no peito, o personagem de borges quis agredir borges.
borges deu-lhe com a bengala.
o resultado foi que: o personagem voltou a deitar-se e os pássaros reconstruíram o ninho no peito dele.
borges, esse, encontrou no cabelo uma minúscula caca de andorinha e depositou essa caca no centro de um labirinto.*

borges não gostava de desperdiçar nada.**

borges tinha só saudades de ver — espreitar o mundo sem ser só pelos dedos da mão.

---

* para melhor orientação dos visitantes do minotauro.
** diz-se que, certa vez, ao terminar um livro, borges encontrou uma pena de pavão no chão e logo criou um personagem que ao terminar um livro encontrava uma pena de pavão no chão e logo criava um personagem...

APALPAR MANHÃS [24/7/02]

sonhei que estava enamorado pela palavra antigamente. eu sorria muito nesse sonho – fossem gargalhadas. aproveitei a ponta desse sorriso e fiz um escorrega. deslizei. tombei no início de uma manhã.
pensei ver duas borboletas mas [riso] eram duas ramelas. peguei nas duas: o peso delas dizia que eu estava acordado. [a partir do tom amarelado das ramelas é possível apalpar manhãs.]
então vi: nos dedos, na pele do corpo por acordar, estavam manchas muito enormes: eram manchas de infância. gosto muito desse tipo de varicela.

UM LUGAR [29/7/02]

era um lugar no telhado da cidade
com
senhoras de olhos calmos
e moscas gordas.
um sino abençoou o silêncio.
uma nuvem roçou a igreja
cumprimentando árvores
velhos e
pássaros.
era um lugar onde as sombras
se afogavam – náufragas
e regressavam ao mundo em silêncio – sobreviventes.
dali
as pessoas emprestavam os pés às pombas
e elas roçavam os telhados
para cumprimentar as casas.
certa manhã
ali sentado
ouvi o sino falar.
não decifrei o murmúrio
[não tenho o dom da quietude]
mas embebi-me do essencial:
aquele era também um deslugar
– chão apropriado para repousar os dedos
e esperar uma formiga passar;
esperar a mordidela também
sabendo-me vivo
em corpo de sangue.

NA CASA DO MACEDO [7/8/02]

na casa do camarada macedo
as estrelas já não pedem licença
(ganharam à-vontade de entrar);
os gambozinos expulsaram os sapos da noite, tomaram
uma minúscula colina.
de repente o céu entornou uma estrela
sobre a casa.
a poeira cósmica faz sombra
na casa dele.
hoje mesmo, agorinha, os gambozinos recuaram
e se recolheram – perto da represa.
fizeram as pazes com os sapos.
um dia, atrás do tempo,
o camarada macedo chegou nesta colina
e cumprimentou um lagarto (dono de uma nocheira);
esse lagarto é que autorizou o camarada macedo
a habitar o local.
nesta casa circulam abelhas mansas,
quissondes inofensivas.
até estrelas.
o camarada macedo ainda agora me disse:
"esse lagarto faz parte da família."
[o camarada macedo também deve fazer parte da família
do lagarto.]

louvada seja a huíla.

MANIPULAR A GRANDE ARDÓSIA [9/8/02]

quando olhei o céu do lubango inundado de estrelas lindas, o meu coração lembrou joão vêncio, suas estrelas amorosas. todo um makulusu literário me inundou as veias. imaginei um desenho para o luandino:
tropeçando entre as estrelas, dois compadres se abraçavam em bebedeira: mais-velho e joão vêncio, o triste e o melancólico, apertavam a noite nesse abraço [a imaginária imagem era do foro do senhor chaplin].
manejando a ardósia do universo, tudo poderia ser alterado. por exemplo:
fazer o joão vêncio pontapear uma estrela apagada até ela se acender de novo; embebedar de alegria sulista o mais--velho até abrandar as tristezas dele.
[...]
se eu soubesse manejar a palavra etecetera pedia licença à noite
e terminava este poema assim: etestrelas...!

ADEUS [10/8/02]

no jardim da minha casa encruzilhei-me com uma lesma.
ela ofereceu um olhar. vi o mundo pela sedução da
lesma: tudo ardilhado de simplicidade.
ofereci uma tristeza: ela quase cedeu a transparências.
aprendi com a lesma: uma tristeza não deve ser
emprestada.
o mundo, mesmo partilhado,
é muito a pele de cada qual.

na falta de dedos
a lesma fez adeus com o corpo.
e veio a chuva.

reaprendemos assim o lugar das nossas almas.

SEM TRÉMULOS BARULHARES, A CHUVA [15/8/02]

convidei uma chuva silenciosa
a fazer aparição num poema.
[tive que pedir licença ao assobiador. ele acedeu.]
era uma chuva quase triste,
vivia consumida pelo medo de se esvair.
"chego sem fazer barulho pra ninguém
se lembrar de me evitar."
era uma chuva quase bonita.
tinha muita tendência poética
— isto me parecia óbvio.
tinha também alguma incapacidade para entender
o desejo humano
de pisar um chão seco.
depois de o assobiador deixar aquela aldeia
calculei que ninguém mais fosse acariciar
aquela chuva.
era uma chuva carente
— isso me pareceu óbvio também.
lhe atribui este lar provisório
e logo se verá
o daqui pra frente.
isso me espanta nas coisas
que não pertencem ao foro das pessoas:
a chuva aceitou ficar.
vive actualmente
na leitura [mesmo que desatenta]
de um poema.

o barulhar dessa chuva
é uma espécie de pequena mentira.

dizem que as crianças lhe conseguem escutar.
dizem que os gambozinos lhe pressentem
e nela, por vezes,
se deixam vislumbrar.*

dizem.

---

* mais fácil é usar um lusco-fusco para tentar iluminar um gambozino.

EM CARTA PARA ISABEL [20/8/02]

procuro gambozinos de noite
sem vontade
de os encontrar.
no caminho tenho encontrado
estrelas
teias imperfeitas de uma aranha preguiçosa
pessoas-nenhumas.
de vez em quando
entre duas sombras de nuvem,
pressinto-me
lá
sentado.

quero falar com esse de mim que escreve.
apaziguar-me através dele.

vezes demais, ele não está.

UMA BORBOLETA EM SONDELA* [23/8/02]

era uma borboleta futuramente surda: coleccionava ruídos.
barulhos de passarinhos
a pousar
na manhã das árvores;
olhares humanos
[tinha uma preferência por olhares infantis ou sinceros];
excrescências de girafa
sobejadas na areia quente.

era uma borboleta linda

não tinha voz inclinada
para cantar madrugadas,
então praticava voolêncios.
mais não vi.

era uma borboleta que sonhada.

---

* local pacato muito preferido por aves cantadoras e kudus calmos.
mantém-se quieto [o local] ali no sul do continente africano.

FOGO [ONDALU] [27/8/02]

era uma tristeza sorumbática.
acontecia-me
perdoar mais as falhas do meu lápis
que as minhas.
era uma solidão,
variação de poço:
fosse ao contrário.
olhei uma cadela lânguida
e boa parte da tristeza
se foi.
dei vinte e quatro passos
imaginários
sobre beijing
e boa parte da solidão
se foi.
era uma porta assim
entreaberta.

se eu fosse realmente dono do poema
demitia-me da minha obrigação de pessoa
— não escolhia caminhos.

me seria mais pacato ser a porta.
ou o chão.

PESCADOR DE ÁGUAS LIMPAS [27/8/02]

o juju gosta de ir à pesca.
de contar estórias também.
tem um sorriso doce
disfarçado de barba branca.
tem nos olhos
um reservatório de brilho
que também usa ternura.
eu gosto de chatear o juju desta forma:
"pai, conta-me outra vez uma coisa que já me contaste.
conta-me aquela estória do pescador."
os dedos do juju são muito amigados com o tabaco.
ele fuma o tempo às vezes.
"conheces aquela do gajo que tava sentado a pescar?"
faço fingimento que não.
"tava sentado a pescar. alguém perguntou: você está
a pescar o quê?, e ele respondeu: xuxuíla! o outro
perguntou: xuxuíla?!, que peixe é esse? o gajo respondeu:
não sei, ainda não pesquei nenhum!"

o jujú gosta muito de ir à pesca.
eu gosto de ir à pesca com ele.
ele é meio pescador
meio pessoa doce.

LEMBRANÇAS DA CASA DA TIA ANITA [9/9/02]

o múrio era um miúdo muito luandense. dele se dizia que tinha talento para estragar o que tocava.
um dia arruinou a existência de uma bicicleta nova em folha, e só perdoou o quadro. uma noite gastou até à exaustão a brandura da júlia, mãe dele. a júlia deu-lhe com a colher de pau até partir a colher de pau e atravessou triste a madrugada. outra noite ele gastou toda pouca paciência do ary; o ary teve que lhe apontar uma pistola para facilitar a ingestão de comprimidos.
o múrio era um miúdo quase discreto mas dele se dizia que tinha talento pra ser terrível.
uma tarde perturbou a sesta da mária, irmã dele, ao ponto da queda. a mária gostava de frequentar o depois-do-almoço no cimo duma mangueira antiga [lá no quintal da tia anita], e por causa do múrio ela tombou.
gosto de lembrar essas aventuras inocentes dele.

um dia veio a vida
e os dedos do tempo amarraram as mãos do múrio.

ele devia ser autorizado a esquivar o tempo.

SÓ [2/10/02]

certa tarde, jorge tentou fugir do bairro do amor.
poetas, bêbados, pessoas tristes e bucólicas, portadores de solidão ao pescoço, apaixonados irresolutos, moradores da parte de trás da vida, seres rastejantes por dentro, portadores de olhares sem brilho, frustrados, mas também sonhadores, cuspidores de fogo, coleccionadores de selos usados e nuvens por usar, adultos-criança, crianças com colchões voadores, fumadores crónicos, apreciadores de bagaço, adiadores de amor, lésbicas suicidas, e velhos de olhar treinado em rever passados, todos o impediram de caminhar para o lado errado da noite.
a multidão tranquilizou o homem-poeta.
jorge palma tirou a mão do queixo, olhou para a multidão confessando uma bebedeira à moda antiga. o piano que lhe desculpasse os dedos.
foi um momento ardente, propício à poesia. à música. ele inventava passos novos, suava os dedos, golpeava a lógica.
ele regressava – sem nunca ter saído da terra dos sonhos.
cambaleava os pés em trejeitos de cuidado, usando os olhos de catarina pra iluminar um atalho musical.

[eu pensava que os olhos da tal catarina tinham sido concebidos mais pra espreitar futuros...]

INTIMIDAR O POEMA A SER RAIZ [1/11/02]

era um poema lateral aos sentidos.
ganhava formato ébrio
ao nem ser escrito.
longe dos pensamentos
imitava uma pedra
[aí as palavras drummondeavam].
longe das lógicas
— com tendência vagabunda —
o poema driblava lados avessos
de noites
e animais
[aqui as sílabas manoelizam, barrentas].
mas uma estrela nunca brilha
tão solitária;
encarece-se também de luuandinar,
miar à couto,
esvair-se para guimarães...
era um poema carente de afectar-se
a ramos gracilianos.
assim alcançava
o estatuto
de raiz.
cheirado,
emitia brilhos tímidos
— fosse um pirilampo.

OLHAR O COSMOS [19/11/02]

era um momento universal.
o mário descontava isto:
"tenho um pacto fortíssimo com os livros"
[os braços dele falavam.
também os olhos.]
"há sempre um livro à minha espera."
a lua – olhámos
tinha um disco esbranquiçado
a vesti-la.
vi esse disco, há muito anos,
no céu do mussulo.
o mário delirou.
a lua também.
até um velho de chapéu enterrado nos olhos veio
espreitar o mundo naquele halo.
era uma luz densa
condizente
com mário fonseca.
era uma estrela branca
num verso cósmico
à espera dele.

a nossa conversa trazia cócegas ao cosmos.*

---

* espreitando esse cosmos foi possível assistir à colisão da corrente fria de benguela com o paralelo 14.

DE ADÉLIAS E PRADOS [11/12/02]

estou tão perto
que uma paz
me calca os sentidos.
eu-pedra
eu-mundo
eu-labirinto nas calmarias da tua voz escrita.
as tuas palavras induzem à descoberta do profundo;
escondo preces na tinta dos teus dedos, nos teus olhos
felinos
nas tuas palavras rudes – de madeira.

fico perto

tão perto de saber o que tu e raduan
têm nos bolsos do vivenciado.
lembro que um dia
à tarde
vou acordar
e ainda preso ao sono
vou te escrever uma carta.
um carta onde
direi (dar-te-ei) o resto
que não tenho agora.

escondendo preces
entre bagagens

uma paz que é tua
acalma-me
os sentidos.

A BORBOLETA NO ÚCUA [30/2/03]
[para o mário b. coelho]

uma borboleta acordou a manhã
e a manhã ficou lilás.
a manhã contaminou o imbondeiro de lilás
e o imbondeiro quis ser uma borboleta.
só as raízes do imbondeiro não aceitaram a brincadeira.
as raízes são muito terra-a-terra
— são uma cauda teimosa.
a borboleta fugiu.
a manhã aqueceu — derretendo o lilás.

e foi então:
o imbondeiro* pôs no mundo
múcuas tristes.

---
* no úcua, os imbondeiros tristes vertem lágrimas lilases. isto tem o seu quê de borboletismo...

À NOITE SER [MATERIAIS PARA...] [1/4/03]

dedos quietos que crescem
pele nua
brincadeiras como o amor
pêndulo solto de sonhos
lógicas sacudidas
olhar de só-assim
modos de chegar como sementes
manobras de artesão contra o ego
desafio do "eu"
nudez de pele
de mãos
e (sob os teus olhos)
invenção de um sólido espanador de tristezas.

CONFISSÕES [8/4/03]

tenho saudades que a lua desça até ao meu quintal.
lueji – halo da lua quando ela brilha de desafiar a noite e as estrelas todas se intimidam.
pai: me ensinaste a ter saudades do céu da argélia, noites que nunca frequentei ainda, desérticas.
eu tenho saudades das noites do lubango, silêncios e negrumes...
aqui é luanda – terra das gentes várias e o carnaval das árvores. de noite um grilo-de-trepadeiras me faz companhia e, sem saber, divide orquestra com o chet baker, when I go to his head...

eu compreendo o descanso delas mas às vezes me apetecia que as andorinhas descessem na minha noite.

um dia vou contracenar com um gafanhoto, um pirilampo, um gambozino, um grilo e uma andorinha aqui na minha varanda dos vasos bonitos. se o chet aceitar tocar trompete, eu vou ser a assistência toda – o xaxualhar dos olhos ouvintes.

NOITE CALUANDA [16/4/03]

era uma noite tranquila na casa de um amigo [...a elis regina sabia semear amigos numa casa de campo; o adoniran foi lá enraizado].
o meu anfitrião já se luandizou em agradável demasia.
disse uma frase torta quase comovida: "aqui em luanda o humanismo me descobriu, e eu vi ele".
[bebíamos vinho, é certo, mas a verdade está acima das uvas.]
...
um dia a palavra equilíbrio devia estar apta a reinar.

ESCREVO A PALAVRA LUANDA [3/5/03]

veio a melodia e me soprou a noite pelas entranhas adentro
— eu era um peixe-lua solto nos acordes dessa viola tonta.
sorri com os dedos da mão. quase matei um mosquito que
passava [mosquito tem quantas vidas...?]

a cidade está dormir a esta hora
[a cidade sonha...?]

todas pessoas
muitas
todas estórias bonitas
amanhã
vão acontecer de novo
[a beleza das estórias, gasta?]

luanda

és uma palavra deitada
nas cicatrizes
de uma guerreira bela.

NA CATIN-TON [7/5/03]

uma ponte linda
composta de delicados objectos abandonados
dividia as duas margens duma lixeira.
em baixo dela vivia uma água escura
plena de bichinhos irrequietos
em plena festividade de doença.

uma ponte curta:
uma porta horizontal de ferro esbranquiçado
pedras cinzentas mergulhadas na escuridão
uma tábua ensopada de ser pisada
pedaços de coisas várias sem palavras de explicação.
passavam pessoas
crianças;
vidas e destinos davam travessia
de um lado da lixeira
para a outra margem.

a terceira margem da lixeira
era o dono da ponte.
ele cobrava cinco [ou dez] kwanzas
pela travessia,
ajeitava a ponte para ela permanecer ali.

de vez em quando
ele perdoava preço numa pessoa.

SITA [26/5/03]

estava sentado aberto a um poema
e apareceu a minha mãe.
eu apareci ao lado dela.
acho que foi com a minha mãe
que aprendi a olhar
o olhar dos velhos
as mãos bonitas dos velhos
os gestos dos velhos
dar beijinhos nas bochechas
das pessoas que chegavam
– foi a minha mãe.
bater à máquina e apreciar
o sino
no fim da frase,
poupar a fita, recuar a fita
bater as provas dela da quarta classe
gostar do cheiro da fita
construir textos na máquina de escrever
– foi ela.
tomar banho na praia com a mana tchi
sábado-fim-de-tarde
nus
– foi ela
[um dia vieram as alforrecas picar-me o corpo todo
incluindo o pirilau – dancei bungula!].
a respeitar os medos dela

e os meus
e os barulhos
e os sonhos
foi a minha mãe que me ensinou.
a manejar a língua portuguesa
fazer redacções bonitas
— foi ela.
isso da simplicidade de dentro e de fora
ela me transmitiu
nas bordas do dia-a-dia.
o gosto do café encontrei na chávena dela;
whisky também.
só não aprecio o modo de ela devorar
cabeças e olhos de peixe.
antigamente como agora
autorizo qualquer bitacaia
a tentar residência nos meus pés
mas só quero a minha mãe
para fazer o despejo
[há qualquer coisa de ritual no episódio das bitacaias,
comichão e tintura d'iodo incluídas...].

uma tarde quis fazer um poema
para a minha mãe — e fiz.

agora só preciso de uma bitacaia
para celebrar o acontecimento.

PÉTALAS [4/6/03]

aprecio muito a redondez do mundo,
flores e pétalas
apontadas numa direcção amarela

verdades doces como mangas

[gosto de mangas com fio – dão sorrisos mais amarelos].

um dia veio o vento e as pétalas esvoaçaram.

ficou triste a flor
ficaram livres as pétalas.

GAZELA [16/6/03]
[recadinho para c. fonseca]

um baloiço-para-auras repousava num livro.
o livro era uma marionete de sonhos a brincar de realidade [a realidade está manchada de acrobatas que salvam as redes...]
um dia fiz um desenho complicado para ser simples: pus olhos inquietos, mãos mágicas, três margens da mesma aura dançante, fios de cabelo prateados, peugadas de gazela, meias-luas, dois pedaços de timidez, monstrinhos e provocações; ah!, também pus segredos literários cifrados e atalhos sem sinalização para quem frequente a imaginação. tinha cheiro de território. havia qualquer coisa de margem no desenho.

MEU HAISIKOTI [20/6/03]
[recado para a mãe-paula]

vou deixar-me pisar pelas rãs
e esperar
a abundância das águas.

MEU HAISIKOTI II [20/6/03]

a chuva há-de encontrar a semente
a semente há-de criar raiz.
eu espero a pele da flor
e o sumo do fruto.

para manejar a espera
uso
uma sombra.

A MULHER [23/6/03]

vou escrever na pedra a palavra amor – inventar uma textura na minha estória pessoal. há uma ruga na pedra sulcada pela minha lágrima. se a pedra sorrir vou me esconder no riso dela. se o vento vier vou alisar o tempo perdido e construir memórias.
primeiro vou beijar a mulher, depois a pedra.

se sobrarem beijos, vou atirá-los a favor do vento.

INFÂNCIAS [26/6/03]

gosto de mãos rupestres
de infâncias,
de me dobrar e tombar
em risos e estigas que a minha rua já não tem.
chorar – escrevendo um livro depois apagado.
rir – lendo memórias apagadas.

a sujidade da infância tem um cheiro
de barro
e trepadeiras poeirentas.
quando me sujo de infâncias
espirro
um sardão enorme
e um gato dançado
pelo tiro da minha pressão-de-ar.

não quero apenas carícias
nas cores desse sardão ensolarado.

sujo de infância
quero pôr pedido-desculpa
na vida do gato vesgo...

NA FOZ DO RIO KWANZA [26/6/03]

a foz – lugar que te quero mostrar um dia
irmos lá ver as margens e espreitar
os mangais verdes
perto de uma água lisa
bonita de os pássaros e as árvores e as nuvens
se espelharem nela, nessa água bonita
mostrar-te as margens brancas
e uma língua extensa de areia onde
a margem do rio
toca
a alma salgada do mar.

um rio lindo
de se deitar os olhos

kwanza
é o nome dele.

PENÚLTIMA VIVÊNCIA II

de dia era rodrigo leão.
de noite
cinematográfico
era só leão.
lido, longe
ficam mais os dedos
que as memórias.
e vozes
e dias atrozes
embalado para onde eu fosse
eu ia!,
aceitando mais a noite
que o dia.
de dia, eira
logo depois
lago sem beira,
braço longo
côdea boa para
encobrir
cerimónias.
assim um choro
aqui
já de noite
onde agora eu moro,
ou um coral,
rumor de risos e encantamentos

pés descalços
e aranhas gordas,
lá fora a geada
anuncia a monção
cá dentro
entre o que é rodrigo
e o que for leão
chegou
por sónias e rosas
um sopro de verão.
quero um sonho amarelo
— fosse trigo,
quero do feio
o que for belo,
e quero
— porque sim
a tua música sempre simples
sempre só
sempre o mais possível
assim.

PEQUENO ESPANADOR DE TRISTEZAS
[A DERRADEIRA CONFISSÃO?] [30/6/03]

há qualquer coisa de lágrima numa celebração minha.
se soubesse aceitar a beleza das lágrimas não tinha que [me] explicar a origem delas e podia sorrir com as bochechas molhadas mais vezes sem as rugas.
às vezes uma celebração minha é uma timidez – um dia tenho que conseguir abandonar isso e elevar-me a lesma, gambozino, helibélula. acreditar no fio que o grilo ata às estrelas lá longe no universo vincado de negrume; emprestar a minha pele numa jangada quase a afundar; afastar nuvens que dançam nas peles do mar; soprar uma madrugada pra ela voltar a mim [ainda gostava de ter uma crise de asma por excesso de nuvens nos pulmões respiratórios]. sem ser só nas palavras vividas em poesia, pra mim a morte devia ser um voo dançado por um papagaio-pipa – eu quero ser a aragem desse voar. se morrer um dia vou celebrar a palavra morte com incensos e música cantada por andorinhas – a morte anda por aí à solta e a vida afinal parece é uma máscara...
"a palavra vida é maior que a palavra morte", disse-me o meu sobrinho tchiene hoje que ainda faltam dezasseis dias pra ele nascer.
quando ele chegar ao mundo vou mostrar-lhe uma garça gaga que encontrei num poema e me passou a gaguez dela.
eu passei a gaguez toda pra uma tarde e foi bonito ver a tarde esticar-se porque não sabia bem como pronunciar o

definitivo pôr-do-sol. a noite ficou extenuada – à espera de chegar.
há qualquer coisa de adélia na palavra fé. talvez porque ela seja uma mulher de palavras pesadas com tanta leveza e saiba cavalgar medos selvagens. há na obra dela manchas leves de infância – essa varicela foi muito manuseada por luuandino [o que viajava com intimidade pelas ruas de antigamente, passando por tetembuatubia, kinaxixi, makulusu, olhos das crianças, pássaros e peixes]. certa noite, no lubango, vi o joão vêncio pendurado numa estrela; ao pé da casa onde sonhei nesse serão havia uma represa que era doadora de ruídos bons – apadrinhados por sapos gordos. espreitei pela janela fechada e quase cometi o erro de olhar um gambozino nos olhos. fechei os olhos e abri a janela, limitei-me a olhar assim as estrelas brilhantes numa ternura interna que eu lembro pouco de frequentar [no lubango a ternura brota em mim sem cerimónias].
às vezes uma chuva molhada é uma coisa boa para escorregar momentos em direcção a mim. quando uma chuva molhada cai sobre o mundo redondo, as coisas da vida e a vida das coisas encontram-se num quintal vasto. foi sob uma chuva molhada em canduras que encontrei as barbas do meu pai num poema e o sorriso da minha mãe noutro. foi nas entrelinhas dum poema ensopado que encontrei, várias vezes, a autorização interna pra falar a palavra amor [vou tentar não apagar isto: eu tenho certo receio da palavra amor, espero só que ela não me tenha receios também; seria triste].
foi com as mãos sujas de restos de amor que estiquei uma madrugada. quando digo a palavra madrugada também

sinto um esticão no coração. se agora abuso muito das madrugadas é porque cada uma delas tem restos de amor que eu sempre vou perdendo. qualquer dia acumulo esses restos todos e faço uma construção de amor [talvez chame uma mulher pra se encostar ao outro lado dessa construção]. a palavra amor pode ser um labirinto com mais de catorze lados avessos. depois de esticar uma madrugada encosto a madrugada na minha pele e espero. a pele gosta de ser esculpida de novo muitas vezes na vida.
se puser um "v" na palavra esticar, poderei estivar uma madrugada. aí elevo-me a estivador de madrugadas e posso pensar num caixote com luar, um caixote com geada, caixotes pesados de estrelas, caixotes de nuvens carregadas de pingos, um caixote hermético com lágrimas, uma caixinha de costura com restos concretos de amor.
as palavras são muito bonitas também porque têm significados cicatrizados nelas — falo a palavra kwanza e sou invadido pelas belezas de um rio e o sol todo a bater-lhe nas peles da água escura que ele tem. o rio transporta o barro e os peixes e nunca ninguém se queixou de cócegas. há qualquer coisa de jangada na palavra rio. liberdade seria abraçar um jacaré sem lhe apetecer provar-me. eu queria fazer festinhas na carcaça antiga de um jacaré mas se ele me fizer festinhas magoa-me. vou olhar o jacaré de longe e o rio de perto — provar as minhas mãos nele. a pele do rio tem mais espelho que a minha e que a do jacaré. o céu e o sol gostam de verter reflexos nas peles paradas do rio kwanza e eu gosto de saber isso com os meus olhos atónitos de humidade. ali onde o mar beija o rio a espuma celebra o evento com pássaros que perseguem peixes. assim a poesia seja salobra ou salgada.

seria bonito ver os mangais depositarem raízes num poema meu – era a minha maior alegria fluvial.

há qualquer coisa de sapiência na palavra tristeza. e algumas tristezas não são de espanar – um dia posso descobrir que elas me fazem falta e ter que ir buscá-las na lixeira da catinton.
vou encher-me de silêncios e imitar as pedras. adormecer entre as pedras pode ser que me contagie delas. depois de conseguir ser pedra vou exercitar o sorriso dessa pedra que eu for. com esse sorriso vou iniciar uma construção...

uma construção pode bem ser o lado avesso de uma certa tristezura.

IMITAÇÃO DE MADRUGADA

GRANDE ARDÓSIA

um homem triste sabe guiar-se nos labirintos da grande ardósia. um poeta ilumina as suas lágrimas com a escuridão do universo. na baba mais suja de uma lesma aparecem reflexos leves de estrelas ascendentes. havia um velho muito velho que falava assim: "a grande ardósia é o verdadeiro telhado do mundo." as lágrimas das pessoas tristes, inundadas de coisas profundas, são por vezes chamadas de estrelas. [o velho muito velho acusava estrelas de serem "janelas um pedaço acesas".]
calos nas mãos ajudam a afagar a grande ardósia. ou muita doçura campestre. alguns humanos teimam em chamar "universo" à grande ardósia.
ela nunca se ofendeu.

CONTRIBUTO PARA A INDEFINIÇÃO DO CONCEITO DE ETESTRELA

o inominado brilha.
o sonho se derrete em luz.
grilos aqui passeiam sem usar cansaço.
lado do espelho que descansa de dar imagens.
trança que não se evita em sonhos.
cútis interna do mar (isto, à noitinha).
olhar feito repouso.
oblonga tranquilidade.
sede de mais.
[...]
"pouquez" – no que o termo explique de delicadeza.

USAR UM LUSCO-FUSCO PRA PRESSENTIR UM GAMBOZINO

primeira regra: mesmo estando à caça, não se deve capturar um gambozino.
gambozinos são seres que iluminam pedaços de poesia. o verdadeiro perseguidor de gambozinos antes se deleita com o seu pressentimento, sua iminente pertude. para isto, há que estar comprometido com a arte de manusear desobjectos e confiar na prestação de um lusco-fusco. usá-lo com uma intimidade rude – pressentindo as águas pelo lado esverdeado de uma madrugada densa.
[…]
regra primeira: mesmo estando à caça, há que desconseguir um gambozino…

CONFECÇÃO DE UM POEMA ESFARRAPADO

encontrei na berma da estrada uma aranha que mudava de lugar conforme o sol se deslocava. não gostava de perder um milímetro solar que fosse. e logo mesmo confessou: "sou uma aranha preguiçosa."
na época eu representava, para mim mesmo, o papel de andarilho-pedinte. gostei da única teia daquela aranha – ia ao encontro da minha ideia de desobjeto. era uma teia muito rota, tinha mais buraco que fio: "é pra poupar baba", explicou a aranha, enquanto arrastava um pouco mais a posição. "você gosta de fazer poemas?, leve essa teia consigo. ela apanha mais pessoas que moscas. e responde bem a desejos idiotas." quis agradecer à aranha, mas ela: "agora desvie-se do caminho do meu sol."
hoje em noite imito a aranha preguiçosa: por vezes deixo essa teia aberta no meio de nenhuma tarde. por vezes estendo a mesma teia numa madrugada brilhante. de manhã encontro na teia fiapos inexplicáveis da natureza e da natureza das pessoas. guardo sempre no bolso um pouco da baba que essa aranha me ofertou. com fios da baba faço remendos nos fiapos, tal igual a tia maria fazia naquelas almofadas bonitas da nossa infância. a confecção de poemas a partir de fiapos inconcretos é uma arte diferente da feitura de almofadas, até porque as almofadas podem ainda ter utilidade apalpável.
pena que a tia maria não tenha cruzado a berma desta aranha. incríveis almofadas teriam ornamentado a nossa infância.

DA PACIÊNCIA DO PUNGO

um dia o pungo descobriu que era gordo e não se afligiu com isso. gosta de nadar devagar, ele. frequenta pedras profundas onde por vezes encontra anzóis demasiado apetitosos [o pungo é um peixe viciado em anzóis bem recheados, infelizmente].
um dia o pungo descobriu o conforto da escuridão e abandonou os brilhos superficiais.
em cada anzol se perde uma infinita sabedoria – o pungo sabe contar quantas alforrecas passam na corrente da maré vazia e quantas são devolvidas na corrente da maré-cheia; o pungo já entendeu que os oceanos estão mais apaixonados pela lua; também o pungo sabe que é bom não lembrar um local – para voltar sempre a estreá-lo.

FÁBULA DE COMO A GRANDE ARDÓSIA SE PROSTITUIU À POESIA

começou no tempo em que as pessoas faziam amor sem palavras prévias. na imitação dos bichos. num prazer descomunal. um grilo-coitadinho foi muito pisado por corpos suados, mas foi nessa dor quente que ele se aproximou das estrelas e as domou. aceitou a ínfima grandeza de ser um pastor. foi considerado o primeiro grilo minusculamente enorme [uma espécie de gigante discreto.]
algumas estrelas, contudo, escapuliram-se deste rebanho pioneiro. são muito belas, também, as estrelas rebeldes. de modo que, ora yin ora yang, a grande ardósia arranja maneira de sobreviver: alimenta poeiras, conduz trajectos planetários, e de vez em quando nos brinda com (re)banhos de estrelas para acender e apagar corações. muito mais tarde, nos séculos, chegaram os poetas. a poesia foi um manto amarelo que se espalhou pelo universo – nos quintais da existência toda.
a grande ardósia aprendeu o caminho para trás, e veio. a poesia é a cauda do dragão invisível que une as pessoas ao fogo da grande ardósia.

o mundo é bonito por causa disto: há quem acredite que uma explosão pode ser compilada a partir de pedaços de negrume.

USAR OS OLHOS DE CATARINA

para acordar de uma bebedeira e enfrentar o mundo. para perder medos e aceitar o destino. para estender no mundo, sob o sol dos olhares, uma poesia musical. para prever um passado enxaguado em lágrimas. para verter confissões intimistas. para devolver ao piano o seu lado selvagem. para ir sendo. [...]
é um dom mais adequado às mãos mágicas de jorge palma.

PARA ENCONTRAR PACAÇAS NOS POEMAS DE ARLINDO BARBEITOS

há que saber cheirar poemas.
ser derretido por um sotaque com resíduos de infância.
ser pisado por uma frase linda.
aceitar uma ignorância vindoura e certeira.
ser um palácio a olhar um burro.
ser uma cigarra e contar a estória verdadeira da formiga.
há que saber encontrar o ponto exacto onde uma chuva já não quer chover [isto fica perto, muito perto, do coração das pessoas].
há que ser francamente infantil: deixar a pacaça demarcar um livro inteiro.

BAGAGEM*

bagagem leve
bagagem-só
bagagem de mostrar
bagagem de guardar
bagagem pra ser
bagagem de trazer
bagagem que nos hão-de entregar
bagagem do tempo
bagagem no vento
bagagem acesa
bagagem apagada
bagagem marcante
bagagem pesada.
bagagem errante.
bagagem tua.

bagagem de mim
mais a pele nua.

---

*   na vida acostamos e abandonamos portos e cais. para não olvidar uma bagagem convém pegar em catorze alforrecas encantadas e [com elas] atar a bagagem ao pulso — até o ardor não arder mais. [a vida é o peso do ausente sobre o resto da vitória, noves fora o sal das lágrimas. a cicatriz também.]

O VIVENCIADO

são as linhas que os calos da mão e do coração escolheram para edificar os seus muros.
o vivenciado é a alma de uma madrugada [perto do deserto da noite].
é o sushi com cólera na música da adriana.
é o momento interno onde se roçou a decisão do suicídio.
são as ravinas do miradouro da lua em luanda.
é o brilho triste da fome no rosto, na ferida, da criança.

o vivenciado são as cores do céu quando não conseguimos explicá-las e elas nos esgotam o pensamento.

isto de vivenciar requer uma fatia de tempo acumulado.

ARTES BÉLICAS DE UM GAMBOZINO

podia haver um míssil terra-ar-terra lançado pelas patas hábeis de um gambozino.
se o gambozino pudesse frequentar as aulas de cor e contra-cor dadas pelo camaleão, o céu podia ser a casa de numerosos papagaios-pipa – em pleno esbanjar de tonalidades.
saberíamos assim assistir ao manejo divertido desses animadores de infância que transformam vento em cócega, ar em deserto colorido, olho em espectador deslumbrado.

o mundo carece dessas manobras atrevidas – um gambozino devia sair do esconderijo mais vezes desafiando humanos a ser papagaios-pipa...

[só animal tão sábio pode poupar tanto os arcos-íris. gambozinos têm facilidade em invocar tons no céu. devem estar a reservar cores pra um futuro mais obscuro...]

O OBSCENO, A OBSCENA

era que: obsceno, ou obscena, eram palavras bonitas.
eu adoro apreciar um corpo pela obscenidade – fica bonito
até excitar a comoção.
já vi uma boca obscena que era um poema vivo.
uma mão obscena já me desconcentrou a existência.
línguas obscenas trazem paz ao caos de um orgasmo.

mais até:
uma vez, uma nuvem obscena fez o arco-íris corar.
o céu ficou lindo.

OBJECTO RAMELA

há um concentrado de mundo na minha ramela.
sonho grandes passados na cabeça das minhas estórias – as infâncias, os medos, os bichos, as outras crianças.
aprecio as ramelas de cor amarelo-torrado. simbolizam uma réstia da noite no momento em que sou pessoa acordada outra vez, e é bom caminhar pelo dia com uma testemunha de felicidade.
...
a ramela é um caramelo que o olho usa pra nunca amargar o que tem de ver?

A CIDADE SONHA

a cidade sonhou que as auras das pessoas se libertavam com a chegada da noite e que as estrelas se sujavam de poeira cósmica, transbordante;
as estrelas desarrumaram a noite e confundiram os grilos; as auras – vestidas de belos arcos – eram alforrecas com longos véus a imitar um cardume de rios, de gentes, de margens.

[como será a margem da palavra aura?]

ESSA PALAVRA MARGEM*

margem de rio
margem da página
margem do momento [ou momento à margem]
margem-só
terceira margem [do rio, das pessoas, do amor]
poeta à margem
poesia das margens
margem de gente
à margem da vida
vidas sem margem
ficas sem margem
na margem da vida
margem de vinda
margem de ida
margens de chegada [com canoas, jangadas, embarcações]
margem adiada
margem odiada
margens dos gagos
a margem dos que estão
à margem dos que não estão
margem da liberdade
à margem da verdade
margem da lágrima

---

* quem quase domesticou a palavra margem foi guimarães rosa...

minha margem
na margem
do meu poema.

AS MÃOS*

se os dedos forem as asas da mão
se a expressão dos dedos
inexplicar o gesto da mão

se o gesto for obra esculpida
sob o suor salgado
dos dedos
e esses dedos
forem asas de outra mão
eu posso ficar preso
num poema
de curto esvoaçar
mas a mão
os dedos e os gestos

hão-de sempre
saber
voar.

---

* gosto das mãos porque além de saberem de esculturas e barros servem para tocar outras mãos.

CONSTRUÇÃO

construção da casa [e do interior da casa]
construção de uma fogueira [e do fogo, e da chama, e
das cinzas]
construção de uma pessoa [do embrião aos livros]
construção do amor
construção da sensibilidade [desde os poros até à música]
construção de uma ideia [passando pelo que o outro disse]
construção do poema [e do sentir do poema]

[há qualquer coisa de "des" na palavra construção]

desconstrução do preconceito
desconstrução da miséria
desconstrução do medo
desconstrução da rigidez
desconstrução do inchaço do ego
desconstrução simples [como exercício]
desconstrução do poema [para um renascer dele]

construção é uma palavra
que causa suor
ao ser pronunciada.

penso que esse seja um suor bonito.

TRÊS POEMAS VERTICAIS

AS AVÓS; ELAS & AS VOZES [17/I/21]

desde outros mundos
as avós falavam e desenhavam
a partir de uma luz
escura
que fintava o branco apagado da nuvem.

mais do que uma voz, abria-se um mundo:
como um poço fundo e de cor vertical.

A ESCRITA, UMA VEZ MAIS [14/2/21]

cumpriam-se os dias de um
desses
ciclos curtos de escrita;

assim que se encerrou a tempestade
veio esse som deitado, usualmente translúcido
em forma de sorriso e reajeitamento.
era preciso refazer o texto
como o pedreiro afaga a massa:
para dar forma lisa ao que depois-de-seco
será chamado de casa.

o que era estrutura ou caule
havia sido cumprido: o rumo da flecha, o voo, e o
arremesso.

uma vez mais

a escrita
iludia os vivos
para os educar;
e dava paz aos mortos
para os embalar.

PERTO AO LONGE [23/3/21]

por onde foge o mundo.....?

por onde sai a música
quando se esconde no medo?
por onde rompem as horas
vestidas de demoras?
por onde passa o amor
quando não sabe ficar?
por onde foge a poesia
quando sussurra o medo?
por onde demoram as horas
quando longe do mundo?

por onde ando eu
perto ou longe do poema...?

por onde ando eu
quando perto ao longe
do poema...

do poema.

MODOS DE APALPAR
A POLPA DA LÍNGUA

Você pode imaginar uma esquina do mundo onde Ondjaki encontra Manoel de Barros, Luandino Vieira, Guimarães Rosa, Adélia Prado, Raduan Nassar. Você pode imaginar que essa esquina fica em Luanda, Belo Horizonte, Rio de Janeiro, Lisboa ou Campo Grande. Você também pode imaginar o que eu imagino ao ler este novo livro de Ondjaki. É um livro que tem um jeito de apalpar a língua como quem apalpa o dorso de um rio. Ou tem um jeito de escrever as palavras da língua como quem rumoreja sussurros para não assustá-las. E acho que o Ondjaki não tem medo de trazer para o seu livro os seus afetos todos literários. E faz bem o Ondjaki não ter medo disso porque é uma coisa muito bocó a gente esconder os afetos & as dívidas & os tributos aos que, também, como Ondjaki, gostam e gostaram de apalpar a polpa da língua como quem apalpa o dorso de uma fruta. Pois neste livro eu encontro as conversas que o Ondjaki mantém com Manoel, Luandino, Rosa, Adélia. Parece que encontro no livro até conversas que o Ondjaki travou com o "Macunaíma" do Mário de Andrade. Faz bem isto de conversar com esses afetos todos literários dentro do corpo de um poema. E os poemas deste livro parecem até uma varanda enorme lá em Angola onde o Ondjaki gosta de receber a turma toda de amigos para as palreagens de poesia. Aliás, já não aprecio poetas que despossuem dentro deles as fazeduras de pássaros. Nisso, vejam bem, eu bifurco. E me alegra o tanto de passarinhagens que há nesse livro que o Ondjaki chama de "materiais para confecção de um espanador de tristezas". Digo e professo que fazer é verbo muito mais apreciável em poesia do que o pegajoso e meloso verbo sentir. Ondjaki também aprecia a natureza dos verbos fazedores quando escreve: "Tinha aprendido que era muito importante criar desobjectos". Tanto Ondjaki aprecia esses verbos que até criou uma "garça gaga" para poder contrapontear com ela de amores e "gaguejar tardes" obscenas. E Ondjaki também ensina os cuidados que o poeta deve ter na hora da caça aos gambozinos, isto é, não mostrar que você deseja tal captura assim tão escancarada. O que, eu acho, deve ser igual às molecagens de capturar a poesia — jamais mostrar que você deseja a polpa-gozante dela. Digo mais: deve ser igual com o à-vontade das estrelas que entram na casa do camarada Macedo, sem pedir licença. Deve ser igual com o modo que Ondjaki achou de lembrar o João Vêncio de Luandino, ao dizer: "quando olhei o céu do lubango inundado de estrelas lindas, o meu coração lembrou joão vêncio, suas estrelas amorosas". Deve ser. Ou deve-de-ser, como se diz em Minas. E mais não digo para que os leitores e as leitoras também venham apalpar a polpa da língua angolana-brasileira-portuguesa nas palavras de Ondjaki.

paulinho assunção
[escritor brasileiro]

Este livro foi impresso em maio de 2021,
na Gráfica Assahí, em São Paulo.
O papel de miolo é o pólen bold $90g/m^2$
e o de capa é o cartão $250g/m^2$.